CASSE-TÊTE

ÉNIGMES, INTRUS, DINGBATS

Ouvrage dirigé par Isabelle Antoni
Conception et réalisation graphiques : Stéphanie Aguado

34-36, rue La Pérouse
75116 Paris
www.hugoetcie.fr

ISBN: 9782755640045
Dépôt légal : juin 2018
Imprimé en France par Corlet
N° d'imprimeur : 197223

CASSE-TÊTE

ÉNIGMES, INTRUS, DINGBATS

Hugo Image

1 Quatre villes se cachent dans ces anagrammes. Lesquelles ?

ORME
SOLO
RÉGAL
MALIN

2 Placez les lettres A, B, C, D, E, F, G, H, J, sachant que :
A est à gauche de B et au-dessus de C
E est en dessous de B et à gauche de F
G est en dessous de C et à gauche de H
D est en dessous de F et à droite de H.

		J

SOLUTIONS

1

ROME
OSLO
ALGER
MILAN

2

A	B	J
C	E	F
G	H	D

3 - Changez une seule lettre sur chaque ligne pour passer de BRIN à SOIE. Les lettres gardent le même ordre.

B	R	I	N
S	O	I	E

4 - La Fontaine associe des animaux dans ses fables. Pouvez-vous retrouver les paires ?

LIÈVRE	RAT
RENARD	AGNEAU
COLOMBE	TORTUE
LION	CIGOGNE
LOUP	FOURMI

SOLUTIONS

3

BRIN
BAIN
SAIN
SOIN
SOIE

4

LIÈVRE & TORTUE
RENARD & CIGOGNE
COLOMBE & FOURMI
LION & RAT
LOUP & AGNEAU

5 - Quel mot se cache dans ce dingbat ?
(un dingbat est un rébus graphique)

6 - Reliez les paires uniquement en lignes horizontales et verticales. Les lignes ne doivent ni se croiser ni se superposer.

3		2				1
4						
	5			3		
		6		1		
		4				
	6				2	
			5			

SOLUTIONS

5

SÉDENTAIRE
(C dans TERRE)

6

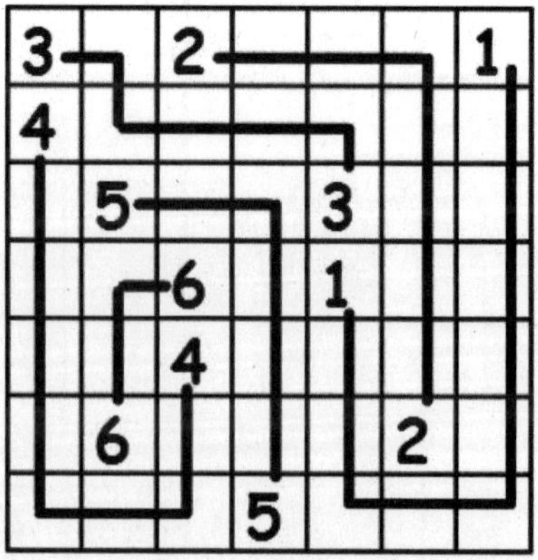

7 - Quelle est la bonne définition ?

JOUBARDE - N.f.

- Ancêtre de la cornemuse à un seul tuyau
- Plante grasse qui se développe sur les vieux murs
- Outil à plusieurs dents pour démousser le gazon

8 - La grande muraille de Chine mesure plus de

1000 km ?
6000 km ?
8000 km ?
10 000 km ?

SOLUTIONS

7

Plante grasse qui se développe
sur les vieux murs.

8

6260 km de mur
8850 km avec les tranchées
et les obstacles naturels

9 - Trouvez les dix verbes qui ont ER en commun.

F	E	R	R	E	R
S	E	R	R	E	R
H	E	R	R	E	R
T	E	R	R	E	R
V	E	R	S	E	R

B	E	R	C	E	R
G	E	R	C	E	R
P	E	R	C	E	R
M	E	R	D	E	R
F	E	R	M	E	R

10 - Comment remplir logiquement le dernier carré?

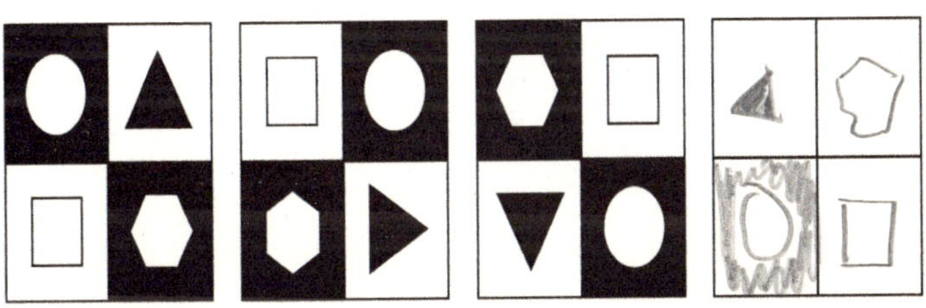

SOLUTIONS

9

FERMER	GERMER
BERNER	CERNER
PERLER	PERCER
GERCER	GERBER
BERCER	VERSER

10

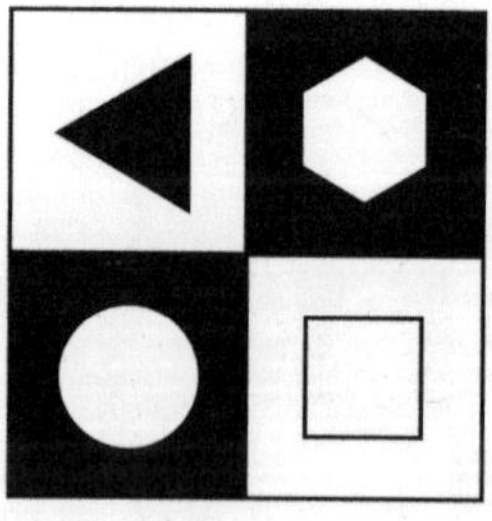

11 - Trouvez deux anagrammes pour chaque mot.

SORTE

PÊCHER

RAVINE

REMISE

PORCHE

12 - Utilisez tous les chiffres

1 2 3 4 5

6 7 9

pour résoudre cette addition.

	○	○	○	○
+	○	○	○	○
1	0	0	0	0

SOLUTIONS

11

STORE-TORSE
PERCHE-PRÊCHE
NAVIRE - AVENIR
MERISE-MISÈRE
POCHER-PROCHE

12

$$
\begin{array}{r}
6\,5\,7\,9 \\
+\ 3\,4\,2\,1 \\
\hline
1\,0\,0\,0\,0
\end{array}
$$

13 - Trouvez les mots dont seule la première lettre change.

Les lettres suivantes sont les mêmes, dans le même ordre.

B				
G				
C				
F				
P				
I				

14 - Quelle expression se cache dans ce dingbat ?

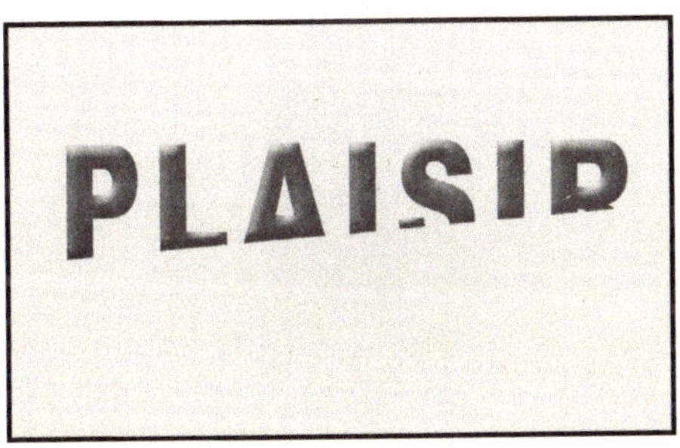

SOLUTIONS

13

BRISE
GRISE
CRISE
FRISE
PRISE
IRISÉ

14

Une partie de plaisir

15 - Changez une seule lettre sur chaque ligne pour passer de DOSE à AIDE. Les lettres gardent le même ordre.

D	O	S	E
A	I	D	E

16 - Placez les chiffres **1, 2, 3, 4, 5, 7** pour résoudre cette addition.

SOLUTIONS

15

DOSE
ROSE
RODE
RIDE
AIDE

16

$$\begin{array}{r} 23 \\ +\ 51 \\ \hline 74 \end{array}$$

17 - Chassez l'intrus

AUSTERLITZ
WATERLOO
IÉNA
WAGRAM
MARIGNAN

18 - Grâce aux indications ci-dessous, remplissez la grille.

A est à gauche de B et au dessus de C.
G est en dessous B et à gauche de E.
F est en dessous E et à droite de H.
J est en dessous de C et à gauche de H.
K est au-dessus de E et à droite de B.

<table>
<tr><td> </td><td> </td><td> </td></tr>
<tr><td> </td><td>G</td><td> </td></tr>
<tr><td> </td><td> </td><td> </td></tr>
</table>

SOLUTIONS

17

Marignan n'est pas une bataille napoléonienne.

18

A	B	K
C	G	E
J	H	F

19 - Complétez avec les signes +, -, x ou / pour résoudre cette opération.

9 □ 6 □ 4 = 12

20 - Retrouvez la couleur de ces crayons.

- Le rouge est a une extrémité
- Le bleu est au centre
- Le vert est à droite du rouge
- Le jaune est à une extrémité
- Le rose est à droite du bleu

SOLUTIONS

19

$$9 - 6 \times 4 = 12$$

20

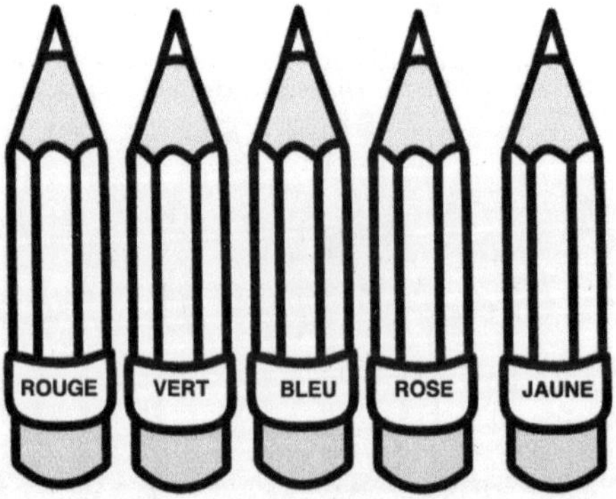

21 - Reliez les paires uniquement en lignes horizontales et verticales. Les lignes ne doivent ni se croiser ni se superposer.

<table>
<tr><td>4</td><td></td><td></td><td></td><td></td><td></td><td></td><td>6</td></tr>
<tr><td></td><td></td><td></td><td></td><td></td><td>1</td><td></td><td></td></tr>
<tr><td></td><td>5</td><td></td><td></td><td></td><td>5</td><td></td><td></td></tr>
<tr><td></td><td></td><td></td><td></td><td>3</td><td>7</td><td>4</td><td></td></tr>
<tr><td></td><td></td><td>7</td><td></td><td></td><td></td><td>6</td><td></td></tr>
<tr><td></td><td></td><td></td><td></td><td></td><td></td><td>3</td><td>2</td></tr>
<tr><td></td><td></td><td></td><td></td><td></td><td></td><td>1</td><td></td></tr>
<tr><td>2</td><td></td><td></td><td></td><td></td><td></td><td></td><td></td></tr>
</table>

22 - Quelle expression se cache dans ce dingbat ?

VENTO

SOLUTIONS

21

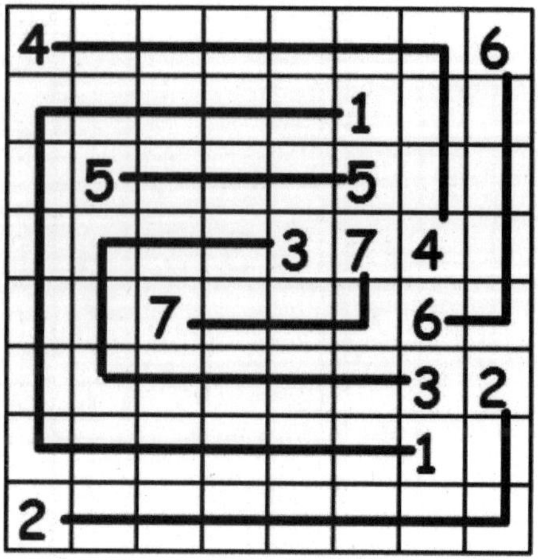

22

Au suivant
(O suit VENT)

23 - Trouvez les mots qui ont A et IN en commun. Les deux gris indiquent deux consonnes.

	A		I	N
	A		I	N
	A		I	N
	A		I	N
	A		I	N
	A		I	N
	A		I	N
	A		I	N

24 - Quatre villes se cachent dans ces anagrammes. Lesquelles ?

ENGLOBER

NOUER

ENVERS

BALI

SOLUTIONS

23

MALIN
CÂLIN
GAMIN
PATIN
RADIN
SAPIN
LAPIN
SALIN

24

GRENOBLE
ROUEN
NEVERS
ALBI

25 - **Reliez toutes ces boules avec trois lignes droites.**

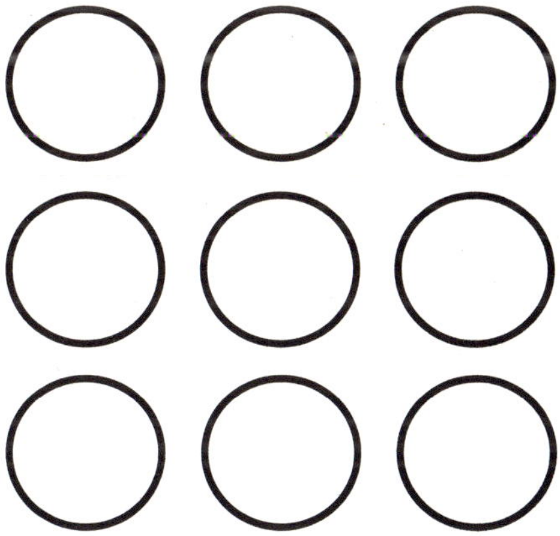

26 - **Quelle est la bonne définition ?**

GALANDAGE - N.m.

- Cloison de brique
- Marivaudage, galanterie excessive
- Débosselage grossier d'une carrosserie

SOLUTIONS

25

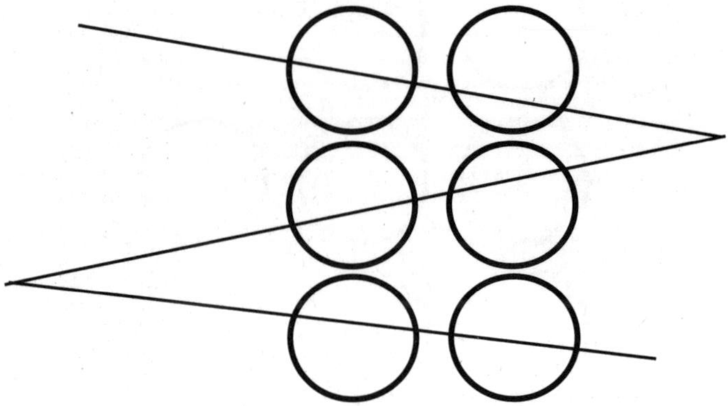

26

Cloison de brique

27 - Quelle expression se cache dans ce dingbat ?

28 - Chassez l'intrus

Volley
Foot
Hand
Basket
Rugby

SOLUTIONS

27

Décollage vertical
(D colle age vertical)

28

2 intrus au choix :
Ce sont des sports utilisant les mains, sauf le foot

ou

ce sont des sports utilisant un ballon rond, sauf le rugby.

29 - **En associant deux syllabes, trouvez dix mots.**

PON

NER

DRE

DON

CAR

PAR

CER

TON

carton, pardon, pondre, poncer, tondre, tonner, cerner,

30 - **Remettez dans le bon ordre les lettres composant le nom d'un personnage célèbre.**

Fernand-Pierre
Cemes

Avocat et homme politique
français
(1907-1982)

SOLUTIONS

29

PARDON
CARTON
CARDON
TONDRE
PONDRE
PONCER
PONTON
CERNER
DONNER
TONNER

30

Pierre MENDÈS FRANCE

31 - Chassez l'intrus.

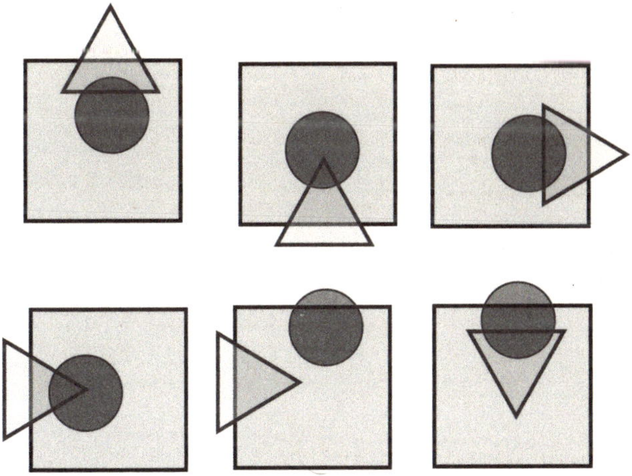

32 - Quel prénom se cache dans ce dingbat ?

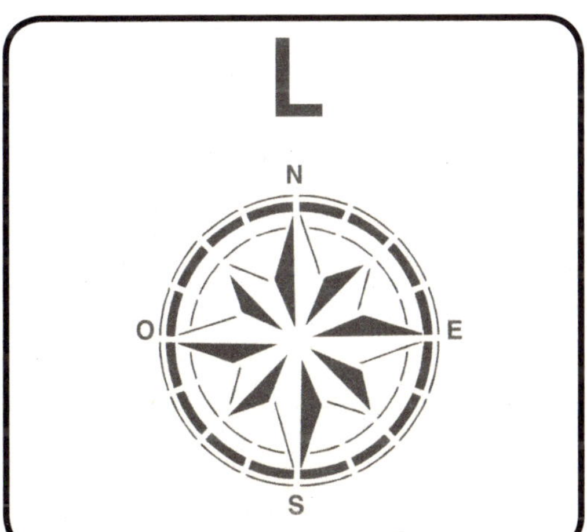

SOLUTIONS

31

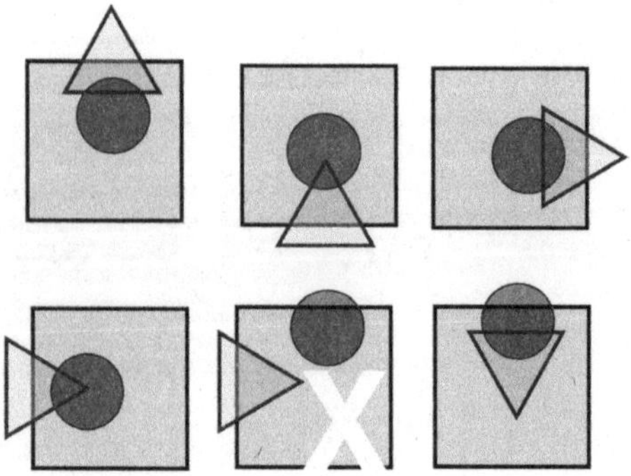

Le rond et le triangle ne se touchent pas.

32

ÉLÉONORE
(L est au Nord)

33 - Trouver les trois animaux qui se cachent dans ces anagrammes.

SIGNALER
VÉHICULER
CALEPIN

34 - Trouvez les mots qui ont A en commun.
Les trois gris indiquent trois lettres semblables.

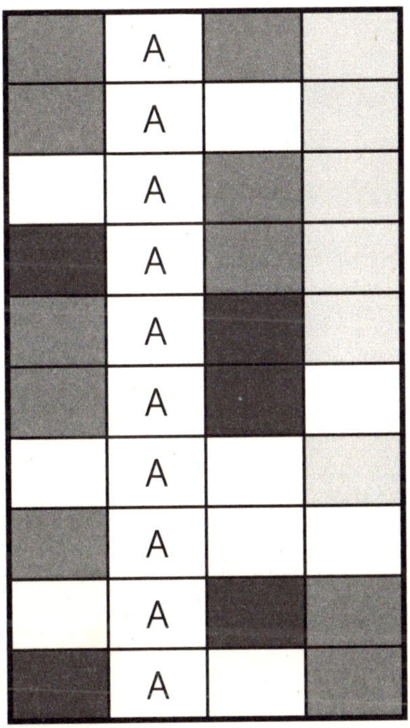

SOLUTIONS

33

SANGLIER
CHEVREUIL
PÉLICAN

34

TÂTE
TAPE
PÂTE
RATE
TARE
TARD
DATE
TAUX
PART
RAPT

35 - Ajoutez une lettre à chaque ligne pour former un autre mot.
Les lettres conservent le même ordre.

A	G				
A	G	E			
P	A	G	E		
P	E	A	G	E	
P	E	L	A	G	E

36 - Reliez les points en passant dans toutes les cases une seule fois.

SOLUTIONS

35

AG
ÂGE
PAGE
PÉAGE
PELAGE

36

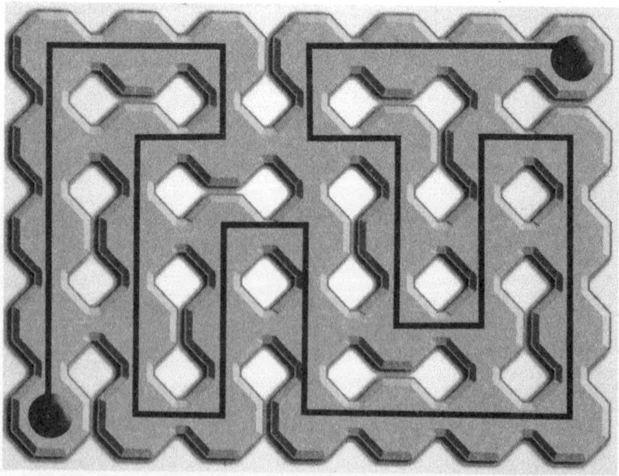

37 - De quel nombre s'agit-il ?

5 de plus que ma moitié = 15

20

38 - Quelle est la bonne définition ?

TROMBIDION - N.m.

- Fichier de portraits robots utilisé par la police
- Gros acarien rouge pouvant atteindre 4 à 5 mm
- Petit trombone à coulisse utilisé par les clowns

SOLUTIONS

37

C'est 20.
Car sa moitié est 10
10 + 5 = 15

38

Gros acarien rouge pouvant atteindre 4 à 5 mm

39 - Quelle profession se cache dans ce dingbat ?

40 - Chassez l'intrus.

Piano - Violon
Guitare - Flûte
Harpe - Mandoline
Banjo - Oud

SOLUTIONS

39

ANTIQUAIRE
(En TIC, R)

40

La flûte est un instrument à vent, les autres sont des instruments à cordes.

41 - En ajoutant une lettre à chacun de ces mots, trouvez en trois autres. Pas de verbe, de pluriel ni de féminin

RÊVE

LÈVRE

GAIN

PLANTE

42 - Reliez les paires uniquement en lignes horizontales et verticales. Les lignes ne doivent ni se croiser ni se superposer.

<table>
<tr><td>5</td><td></td><td></td><td></td><td></td><td></td><td>1</td><td></td><td></td><td></td></tr>
<tr><td></td><td></td><td>6</td><td></td><td></td><td></td><td></td><td></td><td>3</td><td></td></tr>
<tr><td></td><td></td><td></td><td></td><td></td><td></td><td></td><td>1</td><td></td><td></td></tr>
<tr><td></td><td>2</td><td></td><td></td><td></td><td></td><td></td><td></td><td></td><td></td></tr>
<tr><td></td><td>7</td><td></td><td></td><td></td><td></td><td></td><td></td><td></td><td></td></tr>
<tr><td></td><td>4</td><td>8</td><td></td><td></td><td>8</td><td></td><td></td><td></td><td></td></tr>
<tr><td></td><td></td><td>7</td><td></td><td></td><td></td><td></td><td></td><td></td><td></td></tr>
<tr><td></td><td></td><td>2</td><td></td><td></td><td></td><td></td><td></td><td></td><td></td></tr>
<tr><td></td><td></td><td></td><td></td><td></td><td>3</td><td></td><td></td><td></td><td></td></tr>
<tr><td></td><td></td><td></td><td>5</td><td></td><td></td><td></td><td>4</td><td>6</td><td></td></tr>
</table>

SOLUTIONS

41

TRÊVE - CRÈVE - REVUE- GRÈVE
LIÈVRE - LEVURE - PLÈVRE
GRAIN - GAINE - GAMIN
PLAINTE - PLIANTE - PLANÈTE

42

43 - Trouvez les mots qui ont R et V en commun.
Les deux gris indiquent deux lettres semblables.

		V		R	
	V		R		
		V			R
R		V			R
R		V		R	
		V	R		R
V		R	R		
V		R			R

44 - Trouvez des mots qui se rapportent à l'eau
avec des anagrammes de ces cinq mots.

RANGE
OCÉAN
ARME
SONDE
NACRE

SOLUTIONS

43

SÉVÈRE
AVERSE
SAVOIR
RAVIER
REVERS
SEVRER
VERRES
VERSER

44

NAGER
CANOË
RAME
ONDES
ANCRE

45 - Quelles charcuteries se cachent dans cette énigme?

46 - Les règles sont les mêmes que pour le sudoku.
Remplissez la grille sachant que le même chiffre ne peut être présent qu'une seule fois dans chaque ligne, chaque colonne et forme de 5 carreaux.

		3		
		4		
				2
5				1

SOLUTIONS

45

BOUDIN NOIR et BOUDIN BLANC
(bout d'un)

46

2	1	3	5	4
4	5	1	2	3
3	2	4	1	5
1	3	5	4	2
5	4	2	3	1

47 - Remettez dans le bon ordre les lettres composant le nom d'un personnage célèbre.

Carl DESSABINER

Écrivain français,
auteur de *Bourlinguer*
1887-1961

48 - Quelles villes se cachent dans ces définitions ?

Bas de visage
Robinets
Question de temps
Javelot

SOLUTIONS

47

Blaise CENDRARS

48

Menton
Vannes
Caen
Lens

49 - Quelle est la bonne définition ?

Monoïque : Adj

- Se dit d'un moine en période de retraite solitaire
- Se dit d'une plante qui porte des fleurs
mâles et femelles
- Egoïste, personne ne pensant qu'à elle-même

50 - Trouvez les mots qui ont O et R en commun. Les gris et signes indiquent des lettres semblables.

SOLUTIONS

49

• Se dit d'une plante qui porte des fleurs mâles et femelles

50

SORTE
PORTE
TORSE
VOTRE
VOTER
VOIRE
ROTER

51 - Chassez l'intrus

Le mélèze - Le pin
L'if - Le bouleau
Le sapin - Le cèdre
Le séquoia - L'épicéa
Le genévrier

52 - Quelle expression se cache dans ce dingbat ?

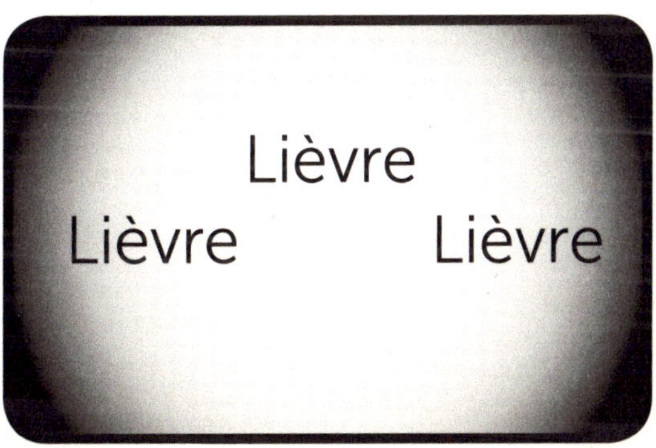

SOLUTIONS

51

Le bouleau n'est pas un conifère.

52

Lever un lièvre

53 - **Classez ces îles par ordre décroissant de superficie.**

- ◯ ÎLE DE RÉ
- ◯ ÎLE D'YEU
- ◯ ÎLE DE NOIRMOUTIER
- ◯ ÎLE D'OLÉRON

54 - **Trouvez les mots se terminant par ME. Les gris indiquent des lettres semblables.**

B		A	M	E
		A	M	E
	A		M	E
B		A	M	E
			M	E
			M	E
			M	E
	A		M	E

SOLUTIONS

53

1 = ÎLE D'OLÉRON, 174 km^2
2 = ÎLE DE RÉ, 85 km^2
3 = ÎLE DE NOIRMOUTIER, 49 km^2
4 = ÎLE D'YEU, 23 km^2

54

BLÂME
DRAME
LARME
BRAME
CRIME
PRIME
CRÈME
CARME

55 - **Trouvez le nom des cinq peintres qui se cachent dans ces anagrammes.**

BANCO
LAID
BARQUE
YOGA
BRUNES

56 - **Reliez les paires uniquement en lignes horizontales et verticales. Les lignes ne doivent ni se croiser ni se superposer.**

7								6	
4					2	3			
			1						
	5		5			8			
	1								
	3								
2	8						4		
6									
7									

SOLUTIONS

55

BACON
DALI
BRAQUE
GOYA
RUBENS

56

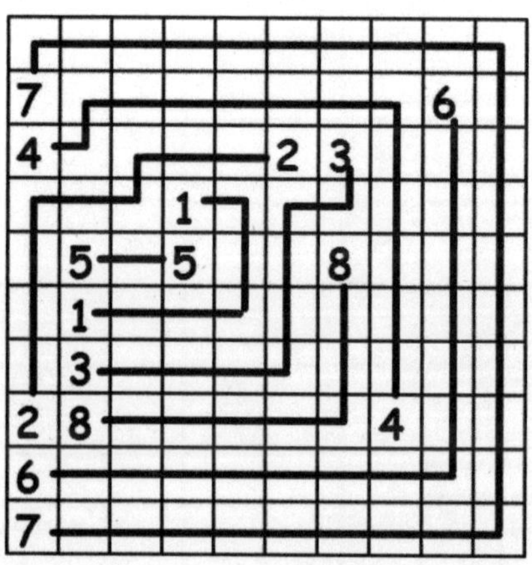

57 - **Le vrai nom de Buffalo Bill était :**

Kid Carson
William Cody
Bill Gates
Billy the Kid
Jesse James

58 - **Remplacez les lettres par des chiffres pour vérifier cette égalité.**

$$\frac{AB}{7} = A + B$$

SOLUTIONS

57

William Cody

58

$$\frac{21}{7} = 2 + 1$$

59 - Quelle expression se cache dans ce dingbat ?

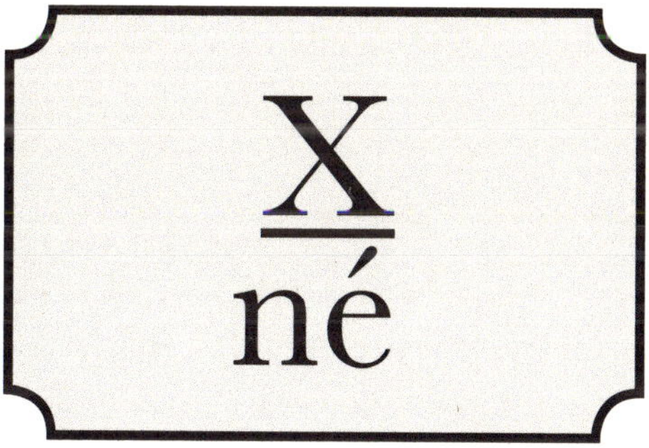

60 - Complétez le tableau avec les chiffres de 1 à 7, sachant qu'ils ne doivent être présents qu'une seule fois par ligne. En revanche il peuvent apparaître plusieurs fois par colonne, si ils ne se touchent pas. Les chiffres en bordure indiquent le total des diagonales.

		19 ↘	10 ↙		9 ↘	20 ↙		
	1		4	5			2	
		2						
13 ↘	7	5	4		2	3		8 ↙
				5				
7 ↘				3				10 ↙
		7				3		
					7		5	

SOLUTIONS

59

Né sous X

60

		19 ↘	10 ↙		9 ↘	20 ↙		
	1	6	4	5	7	3	2	
	4	2	7	3	1	5	6	
13 ↘	7	5	4	6	2	3	1	8 ↙
	3	1	7	5	4	6	2	
7 ↘	5	2	6	3	7	1	4	10 ↙
	1	7	5	4	2	3	6	
	2	6	1	3	7	4	5	

61 - Dans quel pays est visible La Petite Sirène ?

DANEMARK
NORVÈGE
FINLANDE
SUÈDE

62 - Utilisez les lettres du mot et la lettre supplémentaire pour former cinq prénoms.

LARME + C

AINE + L

RECTO + H

CALE + I

REIN + E

SOLUTIONS

61

À Copenhague, au Danemark

62

MARCEL
ALINE
HECTOR
ALICE
IRÈNE

63 - Changez une lettre à chaque ligne pour passer de PORTE à SAULE. Les lettres conservent le même ordre.

P	O	R	T	E
S	A	U	L	E

64 - Trouvez les 3 animaux qui se cachent dans ces anagrammes.

ROTULE

ELVIRE

LOIN

SOLUTIONS

63

PORTE
SORTE
SOUTE
SAUTE
SAULE

64

LOUTRE
LIÈVRE
LION

65 - Quelle est la bonne définition ?

Pétrocincle: n. m.

- Zone de champs pétrolifères.
- Genre de passereau migrateur proche du merle.
- Engin pour détecter les gisements de pétrole.

66 - Trouvez 6 mots qui ont RO en commun.

	R	O			R	O	
	R	O			R	O	
	R	O			R	O	

SOLUTIONS

65

Genre de passereau migrateur
proche du merle.

66

TROP - BROC - TROU - FROC
GRØG - CROC - TROC - TROT

67 - **Quel chiffre vient logiquement au centre ?**

5	12	10
14		4
8	6	13

68 - **Chassez l'intrus.**

La pyramide de Khéops
Les jardins suspendus de Babylone
La statue de Zeus
Le temple d'Artémis
Le théâtre de Delphes
Le colosse de Rhodes
Le phare d'Alexandrie

SOLUTIONS

67

C'est un carré magique où le total des lignes et des colonnes est égal à 27 donc au centre : 9

68

Le théâtre de Delphes n'est pas une des 7 merveilles du monde. C'était le mausolée d'Halicarnasse la septième. Il ne reste aujourd'hui que la pyramide de Khéops.

69 - **Ajoutez la même lettre à chaque mot pour en obtenir un autre.**

- CÔNE
- PAGE
- BANC
- PION
- SAIN

70 - **Reliez les paires uniquement en lignes horizontales et verticales. Les lignes ne doivent ni se croiser ni se superposer.**

									5
		3			4				
	1					1			
	5		6						
	7				3				
							8		
		2				2	4		
7						6	8		

SOLUTIONS

69

L
CLONE
PLAGE
BLANC
PILON
SALIN

70

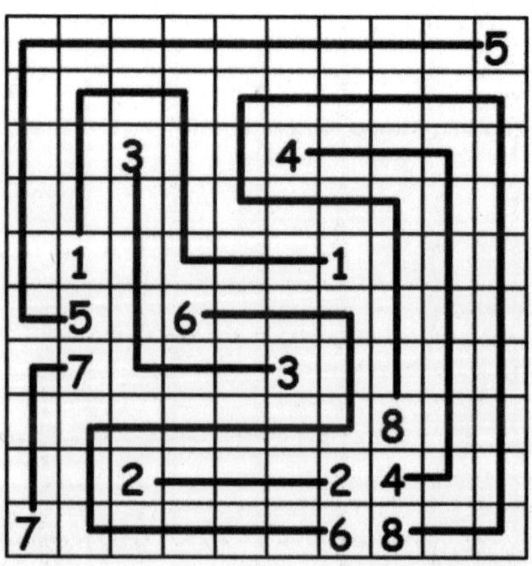

71 - Qui a rencontré César?

NÉFERTITI
CLÉOPÂTRE
OSIRIS
TOUTANKHAMON
ISIS

72 - Ajoutez 1 lettre sur chaque ligne pour passer de SE à POSTIÈRE. Les lettres conservent le même ordre.

S	E						
O	S	E					
P	O	S	E				
P	O	S	T	E			
P	O	S	T	É	R		
P	O	S	T	I	E	R	E

SOLUTIONS

71

CLÉOPÂTRE

72

SE
OSE
POSE
POSER
POSTER
POSTIER
POSTIÈRE

73 - **Quatre coins de France se cachent dans ces anagrammes.**

ORTEIL

SUCRÉE

PALES

SOIE

74 - **Trouvez les mots dont seule la première lettre change. Indice : il y a trois voyelles.**

G				
H				
L				
N				
S				
V				

SOLUTIONS

73

LOIRET
CREUSE
ALPES
OISE

74

GAINE
HAINE
LAINE
NAINE
SAINE
VAINE

75 - Quelle est la bonne définition ?

LEVURIER - N.m.

- Facteur qui relève le courrier des boîtes en ville.
- Personne qui prépare et vend de la levure.
- Personne qui lève le gibier pendant une battue.

76 - Quel verbe se cache dans ce dingbat ?

CO**a**U**g**R

SOLUTIONS

75

Personne qui prépare et vend de la levure.

76

Encourager

77 - Remettez dans le bon ordre les lettres composant le nom d'un personnage célèbre.

MARIE
TCHERLINDE

Actrice américaine
d'origine allemande
1902 - 1992

78 - **Parcourez les allées en passant dans tous les carrefours, sans passer deux fois au même endroit.**

SOLUTIONS

77

Marlène DIETRICH

78

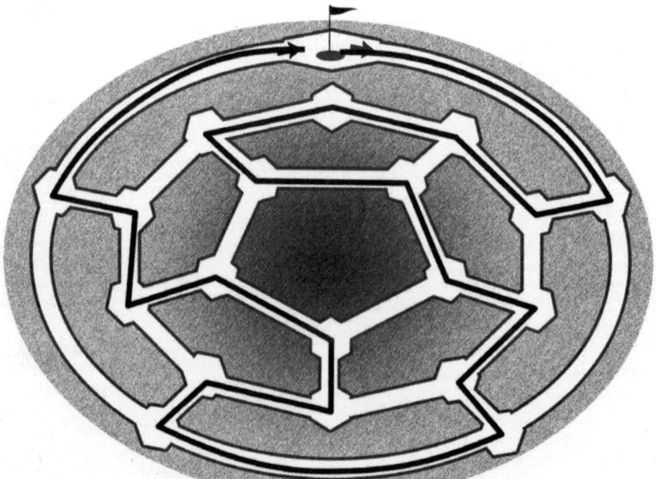

79 - Chassez l'intrus

LION - TIGRE
PANTHÈRE - RENARD
REQUIN - CHACAL
GUÉPARD - ÉLÉPHANT
LYNX - DRAGON DE KOMODO

80 - Une de ces délicieuses confiseries n'est pas au chocolat, dans sa recette classique. Laquelle ?

Orangette
Palet
Truffe
Berlingot
Rocher
Praliné
Napolitain
Gianduja

SOLUTIONS

79

L'éléphant n'est pas un carnivore.

80

BERLINGOT

81 - Retrouvez les mots.
Les gris et autres signes représentent une même lettre.

▒	E	»	»	A	ʃʃ	E
▒	A	■		A	ʃʃ	E
▒	A	»	»	A	ʃʃ	E
•			■	A	ʃʃ	E
•			■	A	ʃʃ	E
	•	■	»	A	ʃʃ	E
	•	■		A	ʃʃ	E
	■	•	▒	A	ʃʃ	E

82 - Leur nom se prononce de la même manière mais s'écrivent différemment. Retrouvez la bonne orthographe.

LAFON - LAFONT - LAFFONT ?

Alban, footballeur
Axelle, actrice
Bernadette, actrice
Lola, romancière
Patrice, présentateur
Perrine, championne olympique de ski acrobatique
Robert, éditeur

SOLUTIONS

81

MESSAGE
MARIAGE
MASSAGE
OUVRAGE
OUTRAGE
CORSAGE
FORÇAGE
FROMAGE

82

Alban LAFONT
Axelle LAFFONT
Bernadette LAFONT
Lola LAFON
Patrice LAFFONT
Perrine LAFFONT
Robert LAFFONT

83 - Changez une lettre à chaque ligne pour passer de CRIME à PROIE. Les lettres gardent le même ordre.

C	R	I	M	E
P	R	O	I	E

84 - Trouvez les trois animaux qui se cachent dans ces anagrammes

NICHE

AGILE

MALICE

SOLUTIONS

83

CRIME
PRIME
PRISE
PROSE
PROIE

84

CHIEN
AIGLE
LIMACE

85 - Quelle est la bonne définition ?

Jambose : n. m.

- Lourdeur dans les jambes due à une mauvaise circulation sanguine
- Fruit du jambosier
- Variété de jambon fumé au charbon de bois

86 - Reliez les paires uniquement en lignes horizontales et verticales. Les lignes ne doivent ni se croiser ni se superposer.

5							
			2			4	
			1		5		
		4					
		2	3			6	
			6				
	1		7	3			
							7

SOLUTIONS

85

Fruit du jambosier

86

87 - **Quelle expression se cache dans ce dingbat ?**

88 - **Toutes ces chansons mettent en avant une ville. Saurez-vous la reconnaître ?**

Chantée par Jacques Brel, reprise par David Bowie.
J'adore, s'écriait Philippe Katerine à son propos.
Robert Charlebois y reviendra.
Bruce Springsteen a chanté ses rues.
Téléphone a promis de nous y emmener.
Etienne Daho y passe un week-end.
Créée par Dick Annegarn, reprise par Alain Bashung.

SOLUTIONS

87

CHAMBRE EN DÉSORDRE

88

Amsterdam
Louxor
Montréal
Philadelphie
New York
Rome
Bruxelles

89 - Pour dessiner les formes colorées de ces quatre cases, suivez les consignes suivantes :

Au-dessus du triangle, il y a un carré
À droite du triangle, il y a un rectangle
À droite du vert, il y a un rond
À droite d'un jaune, il y a un bleu
À droite du vert, il y a un rouge

90 - Reliez la ville à son stade.

GUINGAMP •	• Stade de la BEAUJOIRE
ST ÉTIENNE •	• Stade GEOFFROY-GUICHARD
PARIS •	• Stade de ROUDOUROU
MARSEILLE •	• Stade VÉLODROME
NANTES •	• Stade CHARLÉTY

SOLUTIONS

89

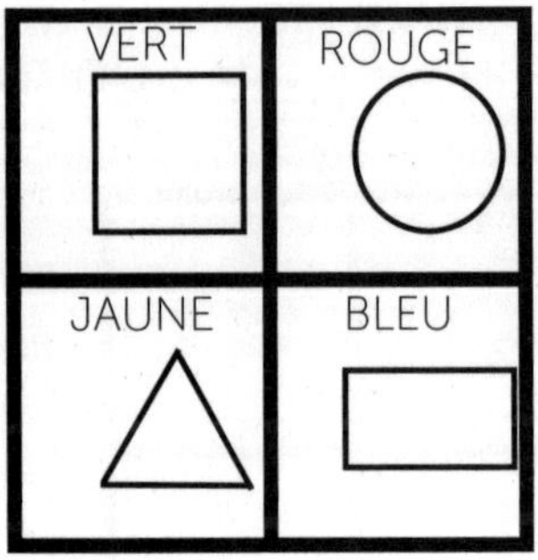

90

GUINGAMP - STADE DE ROUDOUROU
MARSEILLE - STADE VÉLODROME
NANTES - STADE DE LA BEAUJOIRE
PARIS - CHARLÉTY
SAINT ÉTIENNE - GEOFFROY-GUICHARD

91 - Quelle est la bonne définition ?

STIPE - N.f.

- Sorte de culotte portée par les gladiateurs
- Occlusion intestinale provoquant la constipation
- Tige sans ramification terminée par des feuilles, comme le palmier

92 - Trouvez les mots dont seule la première lettre change. Les gris indiquent une lettre doublée.

B					
C					
F					
M					
P					
T					

SOLUTIONS

91

Tige sans ramification terminée par des feuilles, comme le palmier

92

BAILLE
CAILLE
FAILLE
MAILLE
PAILLE
TAILLE

93 - **Trouvez quatre mots se rapportant à l'alimentation qui se cachent dans ces anagrammes.**

APRES Repas
CURES sucre
PROUES souper
FACE Café

94 - **Quel roi de France régnait en l'an 1000 ?**

CHARLEMAGNE
HUGUES CAPET
LE ROI DAGOBERT
PÉPIN LE BREF
ROBERT LE PIEUX

SOLUTIONS

93

REPAS
SUCRE
SOUPER
CAFÉ

94

ROBERT LE PIEUX 996 - 1031

95 - Chassez l'intrus

MÉMOIRES - POLICIER
ESPIONNAGE - ÉPOPÉE
FANTASY - CONTE
SONNET - NOUVELLES

96 - Quel mot se cache dans ce dingbat ?

SOLUTIONS

95

Le sonnet n'est pas un genre littéraire narratif mais un poème.

96

Peuplier

97 - Complétez le tableau avec les chiffres de 1 à 7, sachant qu'ils ne doivent être présents qu'une seule fois par ligne. En revanche il peuvent apparaître plusieurs fois par colonne, si ils ne se touchent pas. Les chiffres en bordure indiquent le total des diagonales.

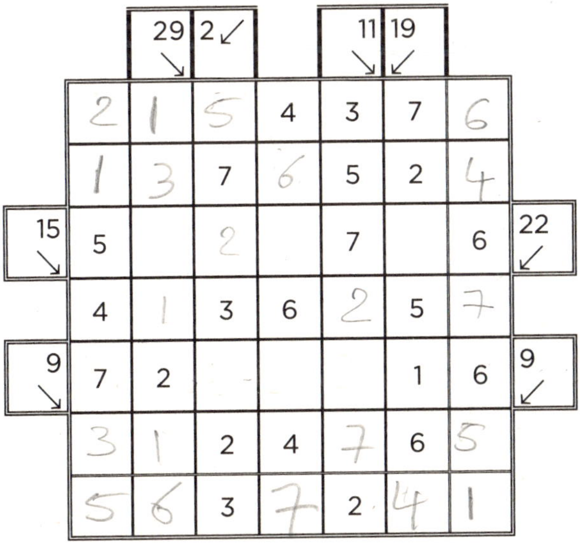

98 - Remettez dans le bon ordre les lettres composant le nom d'un personnage célèbre.

SIMON CRASSETER

CINÉASTE AMÉRICAIN
né en 1942

SOLUTIONS

97

		29 ↘	2 ↙		11 ↘	19 ↙		
	2	1	5	4	3	7	6	
	1	3	7	6	5	2	4	
15 ↘	5	4	2	1	7	3	6	22 ↙
	4	1	3	6	2	5	7	
9 ↘	7	2	5	3	4	1	6	9 ↙
	3	1	2	4	7	6	5	
	5	6	3	7	2	4	1	

98

Martin SCORSESE

99 - Quelles villes se cachent dans ces définitions ?

Groupe de lettres
Soupant
Caribous
2 + 1

100 - Quelle est la bonne définition ?

FUSCINE - N.f.

- Plante alpestre à feuille veloutée
- Fourche à trois dents utilisée par les gladiateurs
- Petite cave voûtée où sont stockés les fûts

SOLUTIONS

99

MEAUX
DINAN
RENNES
TROYES

100

Fourche à trois dents
utilisée par les gladiateurs

101 - Trouvez les mots horizontalement pour former deux mots dans les deux premières colonnes.

		T	E
		T	E
		R	D
		U	N
		R	F

102 - Quelques expressions latines ont toujours cours.
Pourrez-vous les traduire ?

Carpe diem	Ce qu'il y a de mieux
In extenso	Et tous les autres
Nec plus ultra	Manière de faire
Tutti quanti	Profite du jour présent
Sine qua non	Intégralement
Modus operandi	Condition indispensable

SOLUTIONS

101

T	E	T	E
A	C	T	E
B	O	R	D
A	L	U	N
C	E	R	F

102

Carpe diem :	Profite du jour présent
In extenso :	Intégralement
Nec plus ultra :	Ce qu'il y a de mieux
Tutti quanti :	Et tous les autres
Modus operandi :	Manière de faire
Sine qua non :	Condition indispensable

103 - Changez une seule lettre sur chaque ligne pour passer de WAGON à SAPIN. Les lettres gardent le même ordre.

W	A	G	O	N
S	A	P	I	N

104 - Trouvez les trois villes qui se cachent dans ces anagrammes.

MISER

NAÏVE

ANIMES

SOLUTIONS

103

WAGON
LAGON
LAPON
LAPIN
SAPIN

104

REIMS
ÉVIAN
AMIENS

105 - Quelle expression se cache dans ce dingbat ?

106 - Reliez les paires uniquement en lignes horizontales et verticales. Les lignes ne doivent ni se croiser ni se superposer.

	5	4	2					1	3
	6			8	7	8			
		2							
					7				
						4			
	6		3						
	5								1

SOLUTIONS

105

POURQUOI TANT DE HAINE ?

106

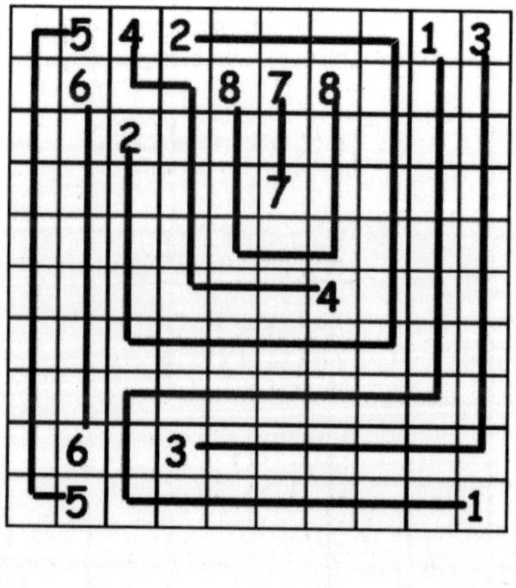

107 - Il manque une même syllabe au début de ces mots.

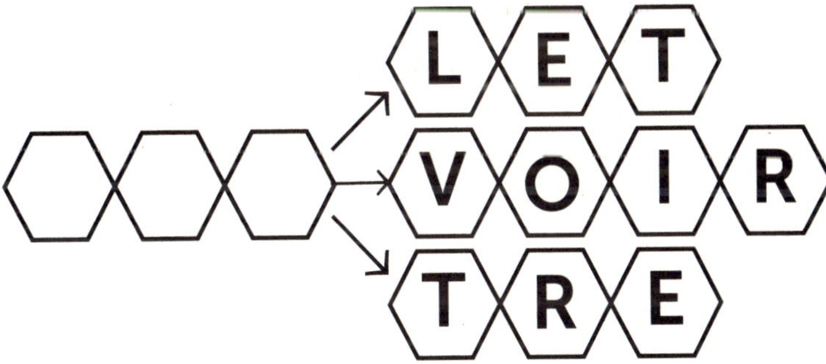

108 - En utilisant deux lettres qui se suivent dans chaque mot, retrouvez un animal.

DRAP

TOME

RADE

AINE

PRÈS

SOLUTIONS

107

POUlet - POUvoir - POUtre

108

DROMADAIRE

109 - **Noircissez les cases correspondant aux chiffres des lignes et des colonnes.**

	4	3	0	5	1	3
2						
3						
2						
1						
3						
5						

110 - **Comment s'appelait le père de Ramsès II ?**

A – Sethi Ier
B – Toutankhamon
C – Akhenaton

Comment s'appelait le père de Louis XIII ?

D – Louis XII
E – Henri IV
F – Charles IX

SOLUTIONS

109

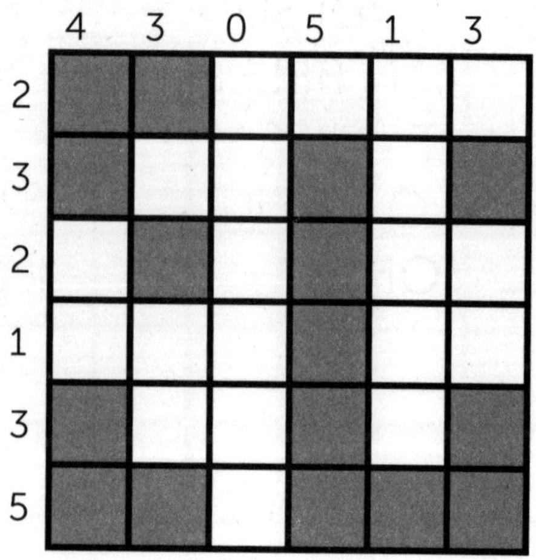

110

A – Sethi Ier
E – Henri IV

111 - Chassez l'intrus

MAMELODI SUNDOWNS FC
BATMAN BELEDIYESPORT
LE TOUT PUISSANT MAZEMBE
COLO-COLO - CUCUTA DEPORTIVO
QUELATON FC - ASEC PRUNUS

112 - Quelle est la bonne définition ?

PERSICOT - N.m.

- Omelette aux oignons et persil d'origine auvergnate
- Liqueur à base d'alcool de vin et de persil écrasé
- Coquillage de la famille des polyplacophores

SOLUTIONS

111

L'ASEC PRUNUS n'est pas un club de foot contrairement aux autres, mais l'ASEC MIMOSAS existe bien en Côte d'Ivoire

112

Liqueur à base d'alcool de vin et de persil écrasé

113 - Trouvez les trois animaux qui se cachent dans ces anagrammes.

FUMOIR

ISABELLE

PRÉSENT

114 - Changez une seule lettre sur chaque ligne pour passer de GRÈVE à POÈTE. Les lettres gardent le même ordre.

G	R	È	V	E
P	O	È	M	E

SOLUTIONS

113

FOURMI
ABEILLES
SERPENT

114

GRÈVE
CRÈVE
CRÊTE
PRÊTE
POÈTE
POÈME

115 - Quel mouvement se cache dans ce dingbat ?

116 - Complétez cette pyramide, sachant que le nombre de chaque case est la somme des 2 cases en dessous.

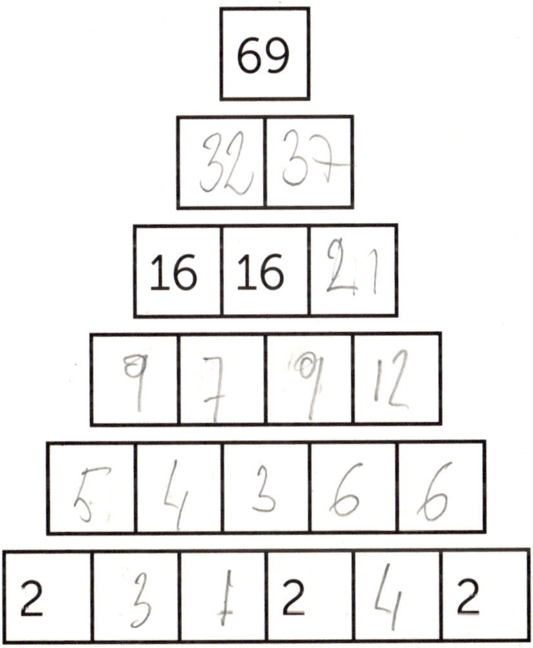

SOLUTIONS

115

ÉCOLOGIE
(É colle au J)

116

69
32 37
16 16 21
9 7 9 12
5 4 3 6 6
2 3 1 2 4 2

117 - Quels sont les sept nains de Blanche-Neige?

PROF - GRINCHEUX
INSTIT - JOYEUX - DORMEUR
AUDACIEUX - RIEUR - TIMIDE
INTRÉPIDE - ATCHOUM
SAVANT - ENCHANTEUR
COURAGEUX - SIMPLET

118 - Remettez dans le bon ordre les lettres composant le nom d'un personnage célèbre.

SERGE AUTROUIN

Peintre impressionniste
(1841-1919)

SOLUTIONS

117

PROF - GRINCHEUX - ATCHOUM
SIMPLET - TIMIDE - JOYEUX - DORMEUR

118

Auguste RENOIR

119 - **Quel aviateur a traversé le premier l'Atlantique ?**

MERMOZ

BLÉRIOT

LINDBERGH

SAINT-EXUPÉRY

Les frères WRIGHT

120 - **Reliez les paires uniquement en lignes horizontales et verticales. Les lignes ne doivent ni se croiser ni se superposer.**

									8
		5					5		
				1	4				
	9			3	2				
			6						
8			7		7	6			
							2	4	
	10						3	1	
				9					10

SOLUTIONS

119

Charles LINDBERGH
en 1927
sur son avion le *Spirit of Saint Louis*

120

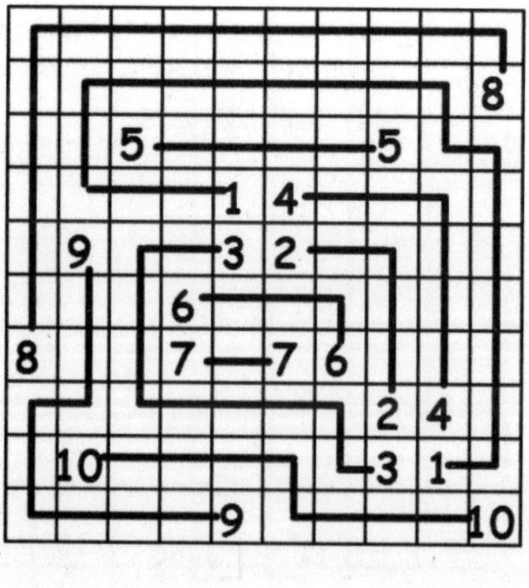

121 - Trouvez les mots ayant le S en commun.
Les gris et motifs indiquent des lettres semblables.

122 - Cinq départements se cachent dans ces anagrammes.
Retrouvez-les.

MÔMES
ORTEIL
BEAU
RUÉE
MOELLES

SOLUTIONS

121

ÉMIRS
MISER
MIRES
RIMES
REIMS

122

SOMME
LOIRET
AUBE
EURE
MOSELLE

123 - Quelle est la bonne définition ?

GODIVEAU - N.m.

- Personne à la mise peu soignée
- Petit ruisseau crée par l'eau de pluie
- Boulette de hachis de viande

124 - Quel mot se cache dans ce dingbat ?

SOLUTIONS

123

Boulette de hachis de viande

124

Le petit tas de sable
(Le petit A de SABLE)

125 - **Chassez l'intrus**

WHISKY - MARC
VODKA - TEQUILA
MEZCAL - SAKÉ
RHUM - CALVADOS
KIRSCH - GIN

126 - **Modifiez une lettre à chacun de ces mots pour en trouver 5 autres pour chacun d'eux.**

GRAS
BRISER
PRIMER

SOLUTIONS

125

Le saké est un vin (de riz), alors que tous les autres sont des eaux-de-vie.

126

GROS - GRIS - GRÈS - BRAS - GLAS
GRISER - FRISER - BRASER - BAISER - BRIMER
TRIMER - GRIMER - FRIMER - PRISER - PRIVER

127 - Ajoutez une lettre à chaque ligne pour remplir cette pyramide.
Les lettres ne conservent pas obligatoirement le même ordre.

O							
A	D	R	O	I	T	E	S

128 - Trouvez le prénom d'acteurs ou actrices de cinéma qui se cachent dans ces anagrammes.

NORMAL
LOIN
CUBER
ORACLE
SAVANES

SOLUTIONS

127

O
OS
OSE
ROSE
SORTE
SORTIE
DROITES
ADROITES

128

MARLON
LINO
BRUCE
CAROLE
VANESSA

129 - Quelles villes se cachent dans ces définitions ?

Direction
Moteurs
Félidé
Rives

130 - Complétez avec les signes +, -, x ou / pour résoudre cette opération.

8 ☐ 4 ☐ 5 = 10

SOLUTIONS

129

SENS
MOULINS
LYON
BORDEAUX

130

8 / 4 x 5 = 10

131 - Quelle est la bonne définition ?

FASTRADE

- Nom de la femme de Charlemagne
- Fête provençale à la fin de la récolte des olives.
- Défilé avec fanfares et groupes folkloriques

132 - Quelle expression se cache dans ce dingbat ?

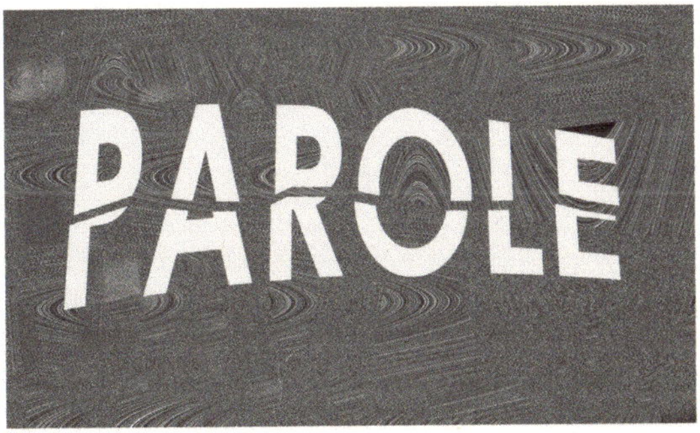

SOLUTIONS

131

Nom de la troisième femme de Charlemagne

132

Couper la parole.

133 - **Trouvez les trois villes françaises qui se cachent dans ces anagrammes.**

ENRÔLAS

TROUS

RANGES

134 - **Changez une lettre à chaque ligne pour passer de TABLE à MILLE. Les lettres gardent le même ordre.**

T	A	B	L	E
M	I	L	L	E

SOLUTIONS

133

ORLÉANS
TOURS
ANGERS

134

TABLE
SABLE
SALLE
MALLE
MILLE

135 - Placez les 1, 2, 3, 4, 5, 6, 7, 8, sachant que :

5 est gauche de 6 et au-dessus de 3
7 est en dessous de 6 et à gauche de 2
4 est en dessous de 3 et à gauche de 1
8 est en dessous de 2 et à droite de 1.

		9

136 - Reliez les paires uniquement en lignes horizontales et verticales. Les lignes ne doivent ni se croiser ni se superposer.

5							
						3	
3	1	4	6	2	5		
				7		8	
		6				7	
					8		
		1	4				2

SOLUTIONS

135

5	6	9
3	7	2
4	1	8

136

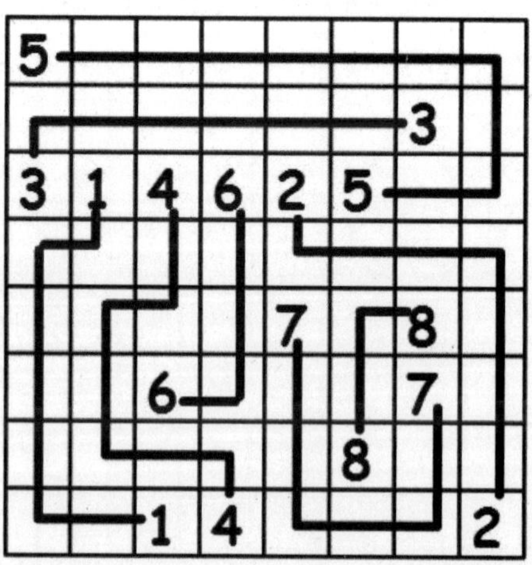

137 - Chassez l'intrus

SCULPTURE - LECTURE
CINÉMA - PEINTURE
ARCHITECTURE - DANSE
MUSIQUE

138 - Passez d'un seul trait de crayon par tous les points, sans passer deux fois sur le même tracé.

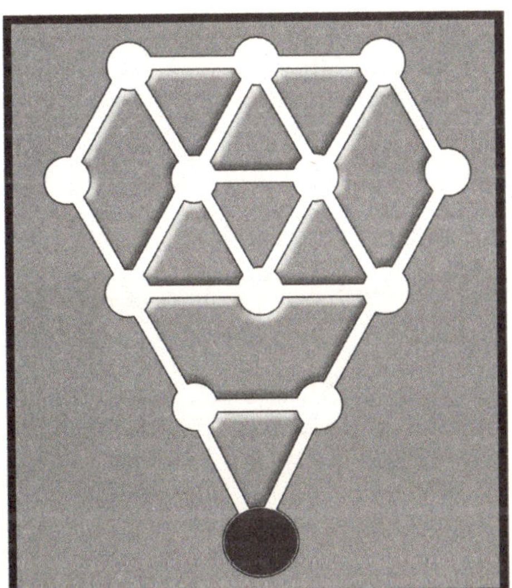

SOLUTIONS

137

La lecture ne fait pas partie des beaux-arts.
C'est la poésie qui manque à la liste des sept beaux-arts.

138

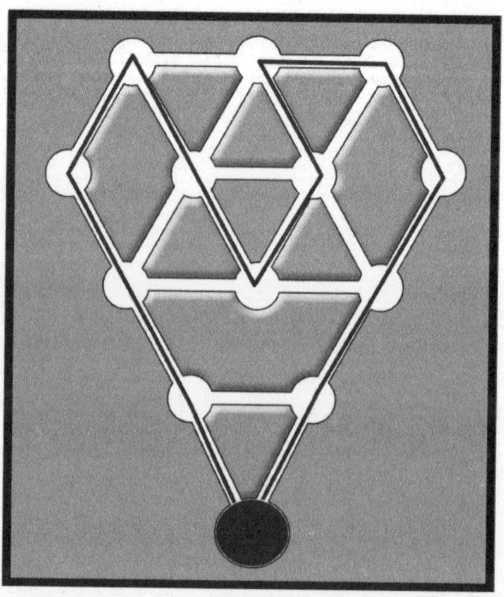

139 - Noircissez les cases selon les chiffres.

	2	1	4	2	2
3					
2					
3					
1					
2					

140 - Remettez dans le bon ordre les lettres composant le nom d'un personnage célèbre.

ANDRÉ APOLLAGE

Écrivain américain
(1809 - 1849)

SOLUTIONS

139

140

Edgar Allan POE

141 - Trouvez les cinq villes françaises qui se cachent dans ces anagrammes.

ACNÉ

ENCLAVE

CINÉ

ANGE

PAIRS

142 - Changez une lettre à chaque ligne pour passer de FERME à GARCE. Les lettres gardent le même ordre.

F	E	R	M	E
G	A	R	C	E

SOLUTIONS

141

CAEN
VALENCE
NICE
AGEN
PARIS

142

FERME
FORME
FORCE
FARCE
GARCE

143 - Quelle expression se cache dans ce dingbat ?

144 - Retrouvez les chiffres qui permettent cet étonnant résultat.

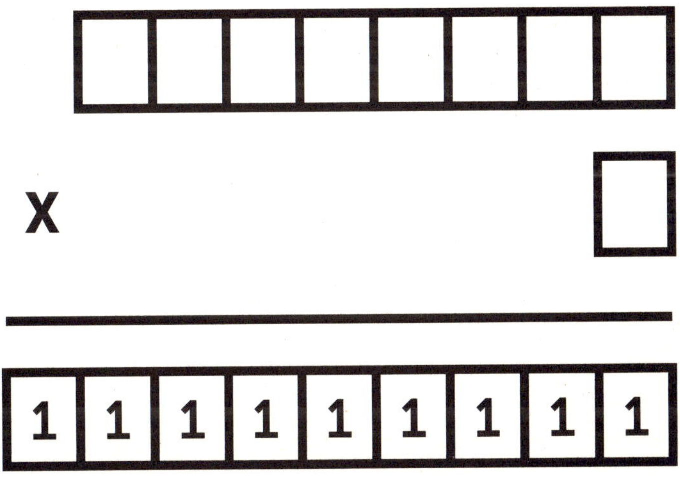

SOLUTIONS

143

Trois fois rien

144

$$
\begin{array}{r}
12345679 \\
\times \qquad 9 \\
\hline
111111111
\end{array}
$$

145 - Complétez le tableau avec les chiffres de 1 à 7, sachant qu'ils ne doivent être présents qu'une seule fois par ligne. En revanche il peuvent apparaître plusieurs fois par colonne, si et seulement si, ils ne se touchent pas. Les chiffres en bordure indiquent le total des diagonales.

		23 ↘	8 ↙		9 ↘	15 ↙		
				5		7	4	
					3	6		
18 ↘	2	6		5		1	7	13 ↙
					7		3	
4 ↘				5				12 ↙
	3		4	1	6	2		
			6	3	7		4	

146 - Chassez l'intrus

ATTERRISSAGE - VOYAGEURS
DIRECT - SUPPLÉMENTAIRE
VAPEUR - CENTRE VILLE
GRANDE VITESSE
MARCHANDISES - COUCHETTES

SOLUTIONS

145

		23 ↘	8 ↙		9 ↘	15 ↙		
	1	3	6	5	2	7	4	
	5	4	1	7	3	6	2	
18 ↘	2	6	3	5	4	1	7	13 ↙
	5	1	4	6	7	2	3	
4 ↘	2	6	7	5	3	1	4	12 ↙
	3	5	4	1	6	2	7	
	2	1	6	3	7	5	4	

146

Tous ces mots peuvent désigner des trains, sauf centre ville.

147 - Quelle expression se cache dans ce dingbat ?

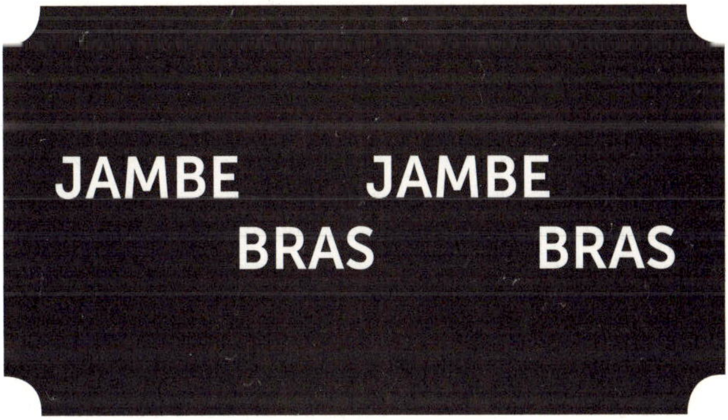

148 - Reliez les paires uniquement en lignes horizontales et verticales. Les lignes ne doivent ni se croiser ni se superposer.

							7	3	10
	2	12	3						
			4	6				11	
		12				5			
7	8			6					
9						5			
								11	
				8	1	2	4	1	
				9					10

SOLUTIONS

147

Baisser les bras

148

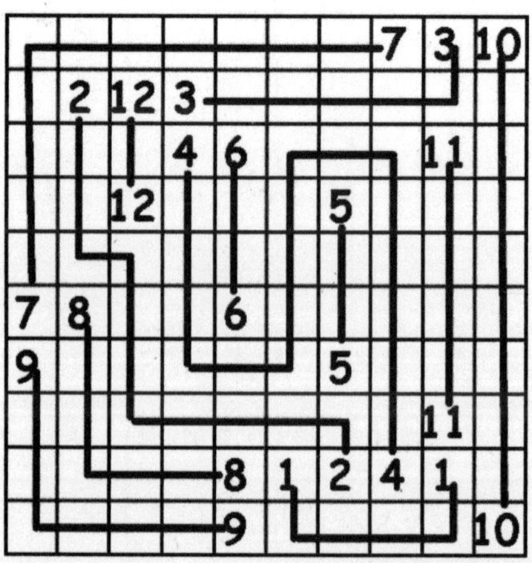

149 - Utilisez les lettres du mot et la lettre supplémentaire pour former cinq prénoms.

LIME +E
SEUL + J
CIEL + U
CRI + E
GRIS + E

150 - Trouvez les cinq villes françaises qui se cachent dans ces anagrammes.

INTRO
SCANNÉ
NUMÉROS
CHARTERS
INVULNÉRABLE

SOLUTIONS

149

ÉMILE
JULES
LUCIE
ÉRIC
RÉGIS

150

NIORT
CANNES
NEMOURS
CHARTRES
VILLEURBANNE

151 - Trouvez les mots ayant A et ER en commun. Les gris indiquent une même lettre.

	A		E	R
	A		E	R
	A		E	R
	A		E	R
	A		E	R

152 - Quelle est la bonne définition ?

MORASSE - N.f.

- Galette de froment aux morilles
- Épreuve d'un journal pour vérification
- Alignement de rochers dans un pierrier

SOLUTIONS

151

TAPER
TÂTER
RATER
MATER
GÂTER

152

Épreuve d'un journal pour vérification

Dans la même collection

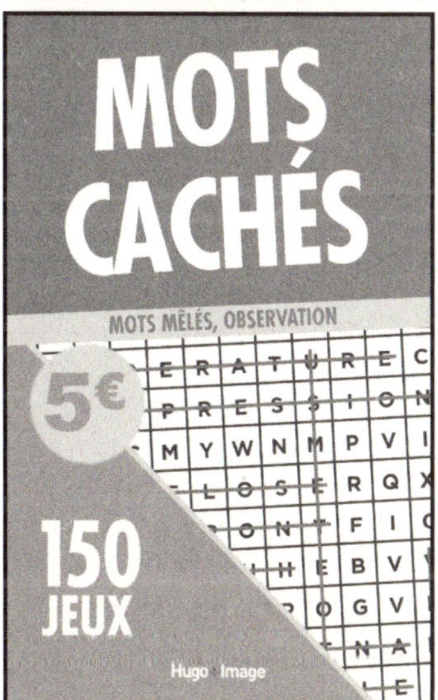